Docteur de GRANDCHAMPS

L'ASSOCIATION

DES

DAMES FRANÇAISES

AMIENS
IMPRIMERIE NOUVELLE
13, RUE GRESSET, 13
—
1890

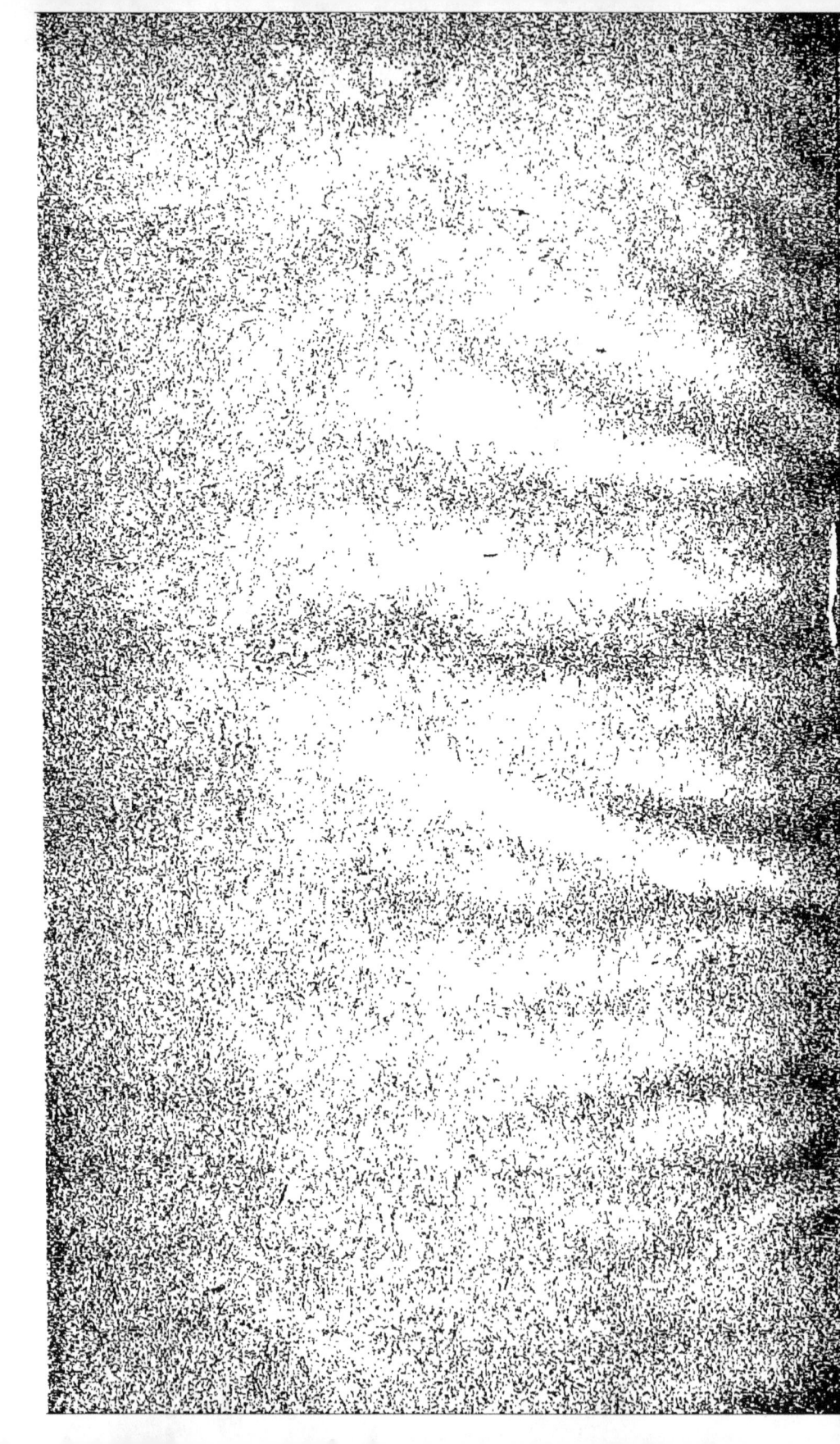

Docteur DE GRANDCHAMPS

L'ASSOCIATION DES DAMES FRANÇAISES

Docteur de GRANDCHAMPS

....

L'ASSOCIATION
DES
DAMES FRANÇAISES

AMIENS
IMPRIMERIE NOUVELLE
13, RUE GRESSET, 13

1890

L'ASSOCIATION
DES
DAMES FRANÇAISES

Vingt ans se sont écoulés depuis les désastres inoubliables de 1870, qui ont pesé d'un poids si lourd sur la génération actuelle.

Livrés depuis lors aux guerres intestines les plus violentes, divisés entre eux autant qu'on peut l'être sur la plupart des questions, les Français ont eu du moins cette bonne fortune de se retrouver unis chaque fois qu'il s'est agi de faire en commun quelque effort pour empêcher le retour de semblables malheurs. Tout ce qui a paru favorable aux intérêts de l'Armée a été voté sans hésitation par nos représentants. D'énormes multitudes seront mises en ligne au jour du danger. Approvisionnements, munitions, forteresses, armes nouvelles, tout a été créé, renforcé peu à peu au prix de sacrifices acceptés, nous pouvons le dire avec orgueil, par les acclamations de la nation entière.

Mais il faut penser à tout. La guerre, même victorieuse, est un fléau qui entraîne avec lui un cortège de misères. Dans ce rempart de poitrines humaines appelé à défendre le sol de la Patrie, bien des brèches seront faites. Supposons une grande guerre comme celle de 1870, c'est en présence de près d'un demi-million d'hommes blessés ou malades que nous allons nous trouver.

Va-t-on se récrier : les statistiques officielles indiquent que les grands blessés formeront un dixième du chiffre des combattants. Les blessures moins graves seront de beaucoup plus nombreuses. Ajoutons comme élément bien plus considérable encore, pour peu que la campagne dure quelques semaines, les maladies inévitables dans les conditions où se trouve une armée exposée aux fatigues, aux intempéries, aux privations, et nous voyons que ce chiffre effrayant, auquel on voudrait ne pas croire, n'est pas exagéré et que la déclaration de guerre qui mobilisera douze cent mille Français nous mettra à bref délai en face de quatre cent mille des nôtres dont nous aurons à panser les blessures et à rétablir la santé. Nous ne comptons pas les blessés ennemis que l'humanité et la civilisation, sans parler des conventions internationales, nous font un devoir de traiter sur le même pied.

Grave perspective dont on ne saurait trop se préoccuper à l'avance. L'expérience nous a montré qu'on n'avait pas suffisamment médité jusqu'ici cette conséquence inévitable des opérations militaires. En 1870, toute une armée de mobiles appelés des Départements pour défendre la Capitale, arrivait à Paris sans qu'on eût même songé à lui assurer un service médical quelconque. La plupart des bataillons n'avaient pas de médecin. Aucun n'avait le matériel nécessaire au moindre secours. Il fallut tout improviser. Le docteur Champouillon, médecin militaire d'un vrai mérite, s'acquitta de cette mission avec une intelligence et un zèle dignes des plus grands éloges. Malgré tous ses efforts il en fut réduit plus d'une fois, faute de personnel, à conférer la direction sanitaire de bataillons de mille et quinze cents hommes à des étudiants en médecine de deuxième année, voire même à des élèves en pharmacie, dont la bonne volonté et le dévouement ne pouvaient suppléer, malheureusement, au manque d'expérience et de connaissances spéciales.

Quant au matériel dont on pouvait disposer, il était nul ou à peu près. Il faut avoir vu soi-même ces misères déjà si loin de nous pour se rendre compte des angoisses par lesquelles ont passé ceux qui avaient alors la responsabilité morale de la vie et de la santé de leurs concitoyens et qui, dépourvus le plus souvent de tout moyen de leur être utiles, se voyaient obligés, bien à contre-cœur, de les diriger sur des hôpitaux encombrés, infectés de typhus et de variole, d'où on les renvoyait d'ailleurs presque aussitôt pour faire de la place à de plus malades qu'eux.

Et pourtant la Patrie qui ordonne à ses enfants de tout quitter pour elle et de lui sacrifier s'il le faut leur vie, a le devoir absolu de leur donner tous les soins nécessaires en cas de blessures ou de maladies acquises à son service. Toute mort d'homme causée par son incurie est un crime, d'autant plus grand de nos jours que les chances absolues de léthalité par suite de blessures de guerre ont diminué dans une proportion plus considérable en raison des progrès de la chirurgie.

Or, l'insuffisance des secours si malheureusement constatée en 1870 n'était pas seulement propre à la ville assiégée. Dès le début des hostilités, des ambulances volantes civiles avaient dû se former pour venir en aide au service militaire entièrement débordé. C'est qu'en effet ce service, quelles que soient sa bonne organisation et l'activité de ses membres, ne peut parer du jour au lendemain à des éventualités comme celles que nous venons de prévoir. Il est matériellement impossible que les médecins militaires avec un corps d'infirmiers distraits du service actif puissent en venir à bout. Et quand chacun aura fait son devoir et plus que son devoir, on n'en sera pas moins forcé de reconnaître, ainsi qu'on a pu s'en rendre compte pendant la guerre de Crimée comme dans la dernière guerre franco-allemande, que le système est insuffisant.

La raison en est toute simple. L'Etat ne peut entretenir en temps de paix le personnel et le matériel nécessaires à quatre cent mille malades ou blessés. Il y a là une impossibilité qui saute aux yeux ; et cependant c'est le chiffre auquel il faudrait être prêt à faire face en cas de grande guerre entraînant la mobilisation générale.

L'idéal serait d'avoir un personnel et un matériel ne coûtant rien à l'État en temps de paix, mais immédiatement utilisable dès la déclaration de guerre : personnel instruit, exercé, constamment tenu en haleine et prêt à marcher ; matériel sans cesse renouvelé, amélioré, perfectionné selon tous les desiderata de la chirurgie moderne qui, dans les temps où nous sommes, fait pour ainsi dire chaque jour quelque nouveau pas en avant.

Eh bien, cet idéal, nous pouvons le dire avec un profond sentiment de joie patriotique, cet idéal est à la veille d'être réalisé.

En 1876, un bon Français philanthrope et savant distingué, M. le docteur Duchaussoy, professeur agrégé à la Faculté de médecine de Paris, eut l'idée de former un corps d'auxiliaires volontaires exercé pendant la paix de telle sorte qu'il fût apte à rendre en temps de guerre les plus utiles services.

La plupart des Puissances avaient adhéré, comme on sait, à un acte international dit Convention de Genève, lequel établit la neutralité en cas de guerre des blessés et malades des Armées, ainsi que des personnes qui les soignent et du matériel employé à ces soins.

M. le docteur Duchaussoy créa l'*Association des Dames françaises*, qui fut autorisée en 1881, reconnue d'utilité publique en 1883 et enfin rattachée officiellement aux ministères de la Guerre et de la Marine en 1886.

Trois Sociétés se sont constituées en France sous la protection de la Convention de Genève. Ce sont :

La Société de Secours aux blessés militaires, fondée en 1876;

L'Association des Dames françaises, fondée définitivement en 1879;

L'Union des Femmes de France, fondée en 1881.

L'Association des Dames françaises a pour présidente Mme la comtesse Foucher de Careil et pour vice-présidente Mme l'amiral Jaurès. Ce qui la distingue des autres sociétés similaires, c'est qu'elle ne se borne pas à donner des secours aux militaires et aux marins en cas de guerre, mais qu'elle vient également en aide aux civils dans les calamités publiques.

Le fondateur de l'*Association* a compris en effet, et c'est là son grand mérite, que les longues perspectives énervent et affaiblissent les meilleures volontés. « Il est bon, a-t-il dit, de se faire tous les jours la main et le cœur, si on veut être en état de bien accomplir, au moment imprévu, les devoirs difficiles. » *L'Association des Dames fran-*

çaises a cet avantage de soumettre ses membres actifs à un entraînement permanent, car si les grandes épreuves de la guerre sont heureusement rares, les calamités de la vie civile sont hélas ! de tous les jours.

Pour atteindre son but, l'*Association* devait se proposer une triple tâche :

Premièrement, former par un enseignement théorique un personnel d'élite au point de vue des connaissances spéciales que réclame aujourd'hui le moindre pansement.

Secondement, réunir un matériel modèle établi selon les données de la science et pouvant être facilement transporté d'un point à un autre suivant les nécessités du moment.

En troisième lieu, trouver le moyen de s'assurer que le personnel formé par elle est capable de mettre en pratique les préceptes qu'il a reçus au Cours ; d'autre part, mettre le matériel constamment en service de façon à ce qu'il soit renouvelé sans cesse et reste par conséquent toujours en bon état.

Inutile d'insister sur la nécessité d'avoir des connaissances spéciales en matière de pansements. Toute personne tant soit peu instruite sait qu'il ne suffit pas d'avoir de la bonne volonté, du dévouement même, pour soigner convenablement un blessé. Quelques notions précises sont absolument indispensables si on ne veut pas être plus nuisible qu'utile. Il est reconnu aujourd'hui que la moindre négligence dans les pratiques minutieuses de l'antisepsie peut avoir pour conséquence la mort d'un homme. S'il est une chose certaine, c'est que l'instruction ne peut être suppléée en pareille matière ni par la bravoure sur le champ de bataille, ni par le dévouement dans les ambulances.

Des médecins de l'*Association des Dames françaises* donnent cet enseignement théorique dans des cours du soir, suivis assidûment par un grand nombre de personnes. Plusieurs d'entre elles ont reçu après examen un diplôme constatant qu'elles seraient en état de rendre, le cas échéant, les plus sérieux services dans une ambulance de campagne. Ces cours sont gratuits. Les examens pour l'obtention du diplôme sont seuls passibles d'un droit de vingt francs. Il va sans dire que les hommes qui font partie de l'*Association* n'appartiennent plus de par leur âge aux divers services de l'armée.

Quant au matériel de l'*Association*, sa valeur tout à fait hors ligne a été mise en relief pendant l'Exposition universelle de l'année dernière. Il a été formé sous la direction de M. le docteur Gruby, qui a déployé ici toutes les ressources de l'esprit le plus ingénieux servi par une science profonde des lois de la physiologie et de l'hygiène. Son exposition a obtenu la plus haute récompense.

La description détaillée des éléments qui constituent ce matériel nous entraînerait beaucoup trop loin. Nous nous contenterons d'indiquer seulement les points les plus saillants.

La tente-ambulance destinée à servir d'hôpital est un modèle d'utilité pratique. M. le docteur Gruby en a tracé le plan après de longues études comparatives sur les différents systèmes exposés depuis 1867. Ce qui la distingue au premier abord, c'est qu'elle est double, c'est-à-dire qu'elle se compose de deux tentes contenues l'une dans l'autre. Une armature en fer, pouvant être désinfectée par conséquent de la manière la plus complète, soutient deux bâches de la maison Cauvin superposées. Entre elles existe un espace formant un véritable matelas d'air qui met la salle des malades à l'abri des variations de la température, l'air étant mauvais conducteur du calorique. Cette couche interposée entre les deux toiles constitue le meilleur obstacle qu'on puisse imaginer contre l'excès de la chaleur en été et du froid en hiver. Elle se renouvelle à volonté sans réaction sur l'air intérieur de la salle. Quant à celui-ci, grâce à un mécanisme particulier, son entrée et sa sortie sont calculées de telle sorte que l'arrivée de l'air pur s'opère insensiblement sans les risques de refroidissement que l'ouverture des fenêtres ordinaires fait courir aux malades.

La hauteur de la tente peut varier suivant les saisons. En hiver, pour faciliter le chauffage et parce que l'air est moins rapidement vicié, cette hauteur est de 3 mètres sur les côtés et de 4 mètres au milieu. En été, la tente peut être rehaussée au moyen de rallonges. Le plafond se trouve alors à une hauteur de 4 m. 50. Chaque malade a pour respirer 23 mètres cubes en hiver, et en été presque 30 mètres cubes.

Pendant un essai qui a été fait l'hiver dernier la température constante de l'intérieur a été de $+16$ à $+18$ degrés centigrades, alors que la température extérieure était de 10 et 11 degrés au-dessous de zéro ; la couche d'air interposée entre les deux toiles de tente conservant une température intermédiaire de $+1$ à $+6$ degrés.

Le degré d'humidité a été également noté avec soin ; il s'est maintenu dans les mêmes proportions. Etant par exemple de 100 au dehors, il était tout au plus de 73 à 75 à l'intérieur et de 78 à 79 dans les couloirs intermédiaires.

Pour assurer aux malades couchés dans la salle un plus grand repos et une plus complète tranquillité, tout le service se fait par ces couloirs dont le sol sablé, sans communication avec le plancher de la salle ne lui transmet ainsi aucune trépidation. Ce résultat sur lequel M. le docteur Gruby insiste avec raison est très heureux pour les grands malades auxquels il procure le calmant par excellence, c'est-à-dire l'absence de tout bruit et par suite un repos absolu.

La lumière vive est aussi un inconvénient pour les malades. Elle les incommode souvent au point qu'ils cherchent à s'en préserver, non-seulement en descendant sur leurs yeux leur bonnet de nuit, mais même encore en se les couvrant avec des draps ou des vêtements.

On s'est ingénié à chercher un remède et on y est si parfaitement arrivé que quoique la lumière de la tente soit douce et agréable, elle est néanmoins assez puissante pour permettre de lire, d'écrire et même d'exécuter des travaux délicats. Ce n'est que justice de nommer ici M. Brisson, architecte de la ville de Paris, qui a su réaliser d'une façon si parfaite les conceptions de M. le docteur Gruby.

Le chauffage est obtenu par un tuyau souterrain traversant la tente dans toute sa longueur et muni de bouches de chaleur. Le fourneau de chauffage est placé en sous-sol à une des extrémités de la tente. Deux thermomètres, l'un intérieur, l'autre extérieur donnent les indications nécessaires pour régulariser la chaleur et le degré d'humidité constaté par un hygromètre. Un baromètre prévient de l'approche des orages, ce qui permet de prendre à l'avance les précautions pour les ouvertures. Un des côtés de la toile a été articulé avec soin pour laisser placer quand le temps est favorable les malades au grand air.

Quatre chambres ont été ménagées à chaque angle : l'une destinée à la cuisine ; la seconde à l'infirmière-majore ; la troisième au médecin ou chirurgien ; la quatrième est une chambre d'officier,

Ajoutons que les assemblages de la tente ont été disposés de manière à éviter le repérage des pièces. Elle peut être installée partout en vingt-quatre heures par les premiers ouvriers venus. Elle se transporte avec la plus grande facilité là où il y a lieu de créer un pavillon d'isolement ou de se rapprocher d'un point où les blessés en grand nombre sont dépourvus d'abris suffisants.

Quant au mobilier : lits, tables, lavabos, chaises, etc., il réunit les conditions voulues de légèreté et de désinfection facile. Il est tout entier en fer verni. Les angles rentrants sont remplacés par des surfaces courbes, ce qui évite les nids à poussière. Les pièces sont articulées par un système ingénieux qui permet de plier chaque meuble et de le transporter sous un très petit volume. Croirait-on que le tout, tente et son contenu, matériel et mobilier pour quinze à vingt malades, tient dans un fourgon traîné par un seul cheval !

Nous ne pouvons tout décrire : ni le système d'éclairage pour la nuit, ni les cabinets d'aisance et les chaises spéciales, les bassins, les crachoirs toujours fermés par un couvercle qui s'ouvre sous la pression du pouce ; les boîtes à pansements, la pharmacie, les vases pour bains locaux, les pots à tisane, la glacière destinée à fournir aux malades soit de la glace, soit simplement des boissons fraîches en été ; les filtres, les réservoirs d'eau, etc., etc. Un détail donnera une idée du confortable obtenu dans cet hôpital modèle dont M. Monod, directeur de l'assistance publique au ministère de l'intérieur, a dit, après l'avoir visité en détail, qu'il ne connaissait pas d'organisation moins dispendieuse : un bouton électrique adapté à la tête de chaque lit communique avec un tableau placé dans la chambre de l'infirmière-majore.

Restait à savoir si cette tente dont le fonctionnement avait été parfait durant l'été résisterait également bien durant la mauvaise saison et réaliserait dans des conditions atmosphériques défavorables les espérances conçues. Un essai de mobilisation a donc été fait. Il a donné des résultats concluants. Pendant les deux plus mauvais mois de cet hiver, une tente-ambulance a été dressée dans le parc de Neuilly. Seize lits ont reçu sans interruption des malades qui ont été soignés dans les meilleures conditions de bien-être et d'hygiène. Tous les services ont fonctionné de telle manière que l'*Association*, à la demande générale, a dû se mettre en mesure de créer, à bref délai, un hôpital de cent lits qui sera la consécration et comme le couronnement de son œuvre.

Dans cet hôpital établi sur le modèle de la tente précédemment décrite, l'*Association* pourra, en effet :

1° Donner aux militaires et marins récemment libérés du service, et aux réservistes et territoriaux, ainsi qu'à leurs familles, les secours médicaux qu'ils ne peuvent trouver dans les hôpitaux militaires.

2° Secourir efficacement les victimes civiles de ces fléaux meurtriers qui viennent sévir périodiquement, non pas seulement de loin en loin comme le choléra, par exemple, mais en tout temps, comme la fièvre typhoïde, la diphthérie, la tuberculose.

3° Compléter pratiquement l'enseignement théorique donné d'autre part par les professeurs de l'*Association*. Les diplômes obtenus à la suite des examens pourraient conférer le privilège de faire dans cet hôpital un stage pendant lequel on serait exercé sous la direction médicale à soigner les malades et les blessés comme le font les élèves en médecine et en chirurgie dans les établissements de l'Assistance publique. Des leçons cliniques faites tant au lit des malades qu'à l'issue des visites apprendraient à reconnaître les accidents qu'on est exposé à rencontrer le plus souvent en campagne, tels que contusions, fractures, entorses, plaies, hémorrhagies, angines, bronchites, rhumatismes, troubles digestifs et autres dont la consultation externe fournirait chaque jour les types les plus variés.

Quand on songe que l'*Association des Dames françaises* est à la veille d'obtenir de tels résultats, de rendre de pareils services, on ne s'étonne pas du concours de bonnes volontés qui s'empresse autour d'elle.

Son effort mérite d'être encouragé d'autant plus qu'il est dû tout entier à l'initiative privée, généralement trop rare dans notre pays où on est habitué à tout attendre de l'Etat. Aussi l'argent afflue-t-il dans ses caisses. Chaque année les *Dames françaises* organisent une vente qui en quelques heures donne un produit de 50 à 60,000 fr. Il faut y ajouter les dons volontaires soit en objets divers, soit en argent. Un de ceux qui ont été reçus avec le plus de reconnaissance, c'est celui de Mme Cornet-Courbet, d'Abbeville, qui a envoyé à l'*Association* le linge et les effets personnels de son illustre frère l'Amiral. Le tronc placé à la porte de l'Exposition des *Dames françaises* a recueilli 26,000 fr. Un visiteur satisfait a laissé 40,000 fr. comme souvenir de son passage. N'oublions pas de joindre à ces ressources extraordinaires les cotisations des membres de l'*Association*. Pour en faire partie, il suffit de payer annuellement une somme de dix francs. On n'est pas tenu d'ailleurs de s'astreindre à une participation active, mais les personnes qui le veulent bien, peuvent s'occuper soit de la propagande, soit du matériel, du personnel, de la distribution des secours, de l'enseignement. Les diverses commissions dont se composent les services actifs sont ouvertes à toutes les bonnes volontés.

Il va sans dire que l'*Association* n'est pas exclusivement *parisienne*. Des comités existent déjà en grand nombre ; ils fonctionneront avant qu'il soit longtemps dans chaque département. Un délégué régional est désigné par l'*Association* dans chaque corps d'armée et nommé par le ministre de la Guerre. Nous trouvons parmi eux les noms de MM. Screpel, sénateur, Samson, trésorier payeur général, Boullé, premier Président de Cour d'Appel, Pinaud, député, Crouan, président de Tribunal de Commerce, Chauvassaigne, président de Conseil général, Chapplain, directeur d'École de médecine, Rigal, sénateur, Sirven, maire de Toulouse, etc.

Tous ces comités envoient des provisions, du linge et des médicaments à nos soldats en campagne, au Tonkin, en Afrique, par l'intermédiaire des commandants de corps, des médecins en chef, des sœurs supérieures ; ils font parvenir des livres et même du tabac à nos garnisons détachées dans les forts isolés où toute distraction fait défaut. Ils viennent en aide aux familles des naufragés de Boulogne, de Dieppe, du Tréport, du Crotoy, de Paimpol ; aux inondés d'Algérie, aux cholériques de Marseille, aux pauvres gens éprouvés par le tremblement de terre de Nice. Le seul comité central a, depuis sa fondation, distribué en argent plus de cent mille francs par an.

Certes, ces importants secours matériels ne sont pas à dédaigner dans les subites calamités publiques où tant de malheureux se trouvent brusquement dépourvus de tout et où la promptitude du secours apporté fait plus que d'en doubler le prix ; mais comme a pu le dire avec raison M. le docteur Duchaussoy, « il y a un fait plus intéressant encore, c'est l'impulsion donnée aux sentiments humanitaires et patriotiques par l'*Association des Dames françaises.* »

Au moment de sa fondation, la *Société de secours aux blessés*, profondément endormie, ne comptait que six mille membres dans toute la France ; l'*Union des Femmes de France* n'existait pas encore. Galvanisée par le succès des premiers comités de Dames, la *Société de secours aux blessés* a fait depuis de très grands efforts ; elle compte maintenant plus de vingt mille membres. Les trois Sociétés de la Croix rouge française réunies donnent un total qui dépasse cinquante-cinq mille adhérents.

L'*Association des Dames françaises* a donc développé une nouvelle force nationale. Elle rend plus étroits les liens qui unissent le pays à ses défenseurs ; elle a aussi répandu l'idée de bienfaisance internationale dans les malheurs publics et dans les guerres. Quelles que soient les épreuves que l'avenir nous tient en réserve et Dieu veuille que celles que nous avons subies soient épargnées à nos enfants, le fondateur d'une pareille œuvre et ses dévoués collaborateurs sont assurés d'occuper dans l'histoire de ce temps une place d'honneur, car ils auront bien mérité de la Patrie et de l'humanité.

D^r DE GRANDCHAMPS.

www.ingramcontent.com/pod-product-compliance
Lightning Source LLC
Chambersburg PA
CBHW071421060426
42450CB00009BA/1962